Lk 716.

OBSERVATIONS

DE LA VILLE

DE BAGNÈRES-DE-LUCHON,

SUR

LE PLACEMENT DU BUREAU DE TRANSIT

QUE NÉCESSITE,

DANS LA DIRECTION DES DOUANES DE St-GAUDENS,

L'ENTREPÔT RÉEL DE TOULOUSE.

OBSERVATIONS

DE LA VILLE

DE BAGNÈRES-DE-LUCHON,

SUR LE PLACEMENT DU BUREAU DE TRANSIT, QUE NÉCESSITE, DANS
LA DIRECTION DES DOUANES DE SAINT-GAUDENS,
L'ENTREPÔT RÉEL DE TOULOUSE.

C'est dans les temps modernes, peut-être même depuis peu, que le Commerce et l'Industrie, ayant pris un essor incommensurable, ont été prisées à leur juste valeur ; l'esprit d'association qu'ils ont créé, l'existence de l'homme qu'ils ont adoucie, les sentimens d'ordre, de liberté, de bienveillance entre les peuples qu'ils ont développés à la place des préjugés funestes, tendent à changer la face du globe, dont les différentes contrées ont déjà été mises en rapport par eux, et dont toutes les nations sont désormais appelées à ne former qu'une grande famille.

Faut-il donc s'étonner si la ville de Toulouse ayant obtenu un Entrepôt, trois localités se disputent dès-lors le Bureau de transit que nécessitera, dans la direction des douanes de Saint-Gaudens, le service de cet établissement, soit pour l'entrée, soit pour l'écoulement des marchandises.

Ces rivales sont : Saint-Béat, Bagnères-de-Luchon et la Vallée-d'Aure ; chacune d'elles présente ses titres.

En effet, le transit ayant pour objet de favoriser le commerce, celui-ci a droit de s'enquérir des lieux du placement, afin de reconnaître si le choix sera opportun à ses intérêts.

D'un autre côté, cette création pouvant occasioner des frais au trésor, celui-ci doit veiller à ce que le meilleur résultat soit obtenu à aussi bon marché et avec le plus de garanties possibles.

Aussi est-il juste que ces débats soient portés au tribunal de l'opinion ; afin qu'une fois éclairée par la publicité, il puisse intervenir une décision exempte de partialité et d'erreur.

SAINT-BÉAT.

Saint-Béat entre d'abord en lice. A l'entendre, tous les avantages désirables militeraient en sa faveur : trajet plus court ; viabilité plus commode, la charrette pouvant circuler jusqu'à la frontière et même au-delà en Espagne ; issues plus nombreuses, plus faciles, plus économiques à travers les montagnes, afin de communiquer en Catalogne, en Aragon et avec Valence ; lesquelles issues étaient pratiquées anciennement, et sont si notoirement indiquées par la nature que le commerce rendu à sa liberté primitive, doit les suivre de son propre cours. Enfin, sûreté et économie pour le trésor.

Telles sont les prétentions de cette ville exposées dans un mémoire imprimé et répandu. La réalité répond-elle à ces belles promesses ?

Une vallée appelée Aran se trouve interposée entre celle de Saint-Béat et la grande chaîne des Pyrénées qu'il faut franchir de nécessité pour aboutir dans l'Espagne proprement dite ; car le Val-d'Aran se trouvant sur le versant septentrional des monts serait Français par position, et réellement il a longtemps appartenu à la France.

Ces deux vallées se trouvant placées à la suite l'une de l'autre dans la direction de France, ne sont en contact que par un seul point, au Pont du Roi.

Ainsi en regardant l'Espagne, le Val-d'Aran aurait à sa gauche les monts de la Catalogne, province dont il fait partie ; à sa droite Bagnères et une grande masse de montagnes élevées le séparerait de l'Aragon.

C'est par cette vallée que Saint-Béat propose de déboucher en Espagne. Vers la Catalogne le port de Paillas lui donne cette facilité ; il est un des meilleurs des Pyrénées. Aussi si c'était sur cette province qu'il fût question d'opérer principalement, Saint-Béat serait dans son droit et devrait obtenir gain de cause, si toutefois Bagnères lui abandonnait l'avantage du Val-d'Aran, qu'il peut lui enlever à volonté comme on le verra plus bas à son article, où il sera aussi question des routes et des distances.

Mais est-ce bien la Catalogne que l'on doit avoir en vue pour le service de l'Entrepôt ? On ne le pense pas. Cette province a un littoral, de telle sorte que l'exportation des denrées coloniales et autres objets de l'espèce, passant des ports de Bayonne ou de Bordeaux à l'Entrepôt de Toulouse et subséquemment en Catalogne par Saint-Béat, Fos, le port de Paillas et la Conque-de-Trem, pour déboucher dans la plaine, **route la la plus courte qu'elles puissent suivre pour cette destination**, coûterait au moins, d'après des calculs exacts, 20 ou 22 francs de transport les 100 kil.; tandis que des marchandises de même nature, chargées à Marseille, pourraient être portées sous un nolis de 2 à 2 fr. 50 c. aux atterrages de Barcelonne, qui alimentent toute la province, et parvenir ensuite par les grandes voies aux embouchures de la Conque-de Trem pour 7 ou 8 francs, frais de mer compris. Que deviendraient alors les provenances du transit de Saint-Béat qui auraient dépensé près du triple? La concurrence est impossible. Au reste trois transits, Port-Vendre, Perthus et Bourg-Madame, sont déjà établis sur cette province : à quoi bon un quatrième ?

Il est donc clair, et le commerce ne s'y méprendra pas, que c'est vers la partie centrale de l'Espagne, vers l'Aragon que l'on doit utilement se retourner.

A cet égard Saint-Béat devrait être sans prétention ; car c'est là que la nature semble redoubler les obstacles pour séparer le Val-d'Aran de l'Aragon : et ce n'est pas sans étonnement que l'on a vu cette ville fonder ses espérances sur les ports de Viella et de la Picade.

Le premier d'une profondeur effrayante est presque aussi long que celui de Vielsa, Vallée-d'Aure ; il n'aboutit pas en Aragon; après une forte journée de marche, il conduit à Vidailles, petite ville de Catalogne, d'où il faudrait sortir avant d'arriver dans la plaine en traversant les montagnes de Bonnauze par des chemins rudes et difficiles. En indiquant ce passage si compliqué de détours, si embarrassé d'obstacles, on semble vouloir dire que tout chemin mène à Rome, mais quelque bonne opinion qu'on ait du Commerce qui surmonte toutes les difficultés, cependant il faut convenir qu'il ne pourrait accepter cette issue qu'à défaut d'autres. Qu'on demande à M. Nogués, négociant de Lez, près Saint-Béat, qui achète les laines à Bonnanze et ses alentours, quelle prédilection le porte à préférer la voie de Bagnères au passage de Viella pour leur importation, on saura que par ce dernier il y aurait pour lui deux journées de plus de marche et des frais considérables avec le double d'obstacles à vaincre.

La prétention élevée sur le port de la Picade met à nu, dans tout son jour, la pénurie des moyens de Saint-Béat. Quoi ! passer par cette ville, la Vallée-d'Aran, Artigue-de-Lin pour aboutir à la Picade ! L'aveu est précieux ; ce serait évidemment le chemin de l'école, trois fois plus long qu'en passant par Bagnères. D'ailleurs d'Artigue-de-Lin à la Picade, la gorge par les Artigues et la Coume de Poumérou d'Aran est si affreuse, qu'elle n'est suivie que par quelques chasseurs d'izards ; à partir de la Monjoye, les Aranais, en montant ou en descendant, suivent les versans Français de Luchon sur la belle pelouse de Cabridos. Or, la partie de ce port en deçà des monts étant impraticable par la Coume de Poumérou, et le passage en étant commodément effectué par la partie Française du canton de Bagnères avec un trajet infiniment plus court, les habitans de Saint-Béat, voulant tirer parti de ce port, eussent été plus conséquens de réclamer le transit en passant par Bagnères.

Une remarque curieuse, c'est que les Aranais, d'après le mémoire de Saint-Béat, peuvent parcourir facilement ce port dans toutes les saisons, tandis que par Bagnères ce même port serait presque toujours impraticable ; cependant, c'est par la partie Française que ceux-ci sont forcés de passer, et une pente insensible, à travers de beaux pâturages, y conduit à partir de Luchon.

On conviendra sans peine que des mules de la Vallée-d'Aure, de Luchon et de l'Ariège, ont été dirigées par Saint-Béat aux foires de Salas, etc., bien que ce trajet soit plus court par les ports respectifs de chaque localité. Il suffira de savoir que c'était du temps de la quarantaine, époque à laquelle le bureau Espagnol de Bossost était seul ouvert à l'entrée des provenances de France sur expédition de Saint-Béat ; qu'on n'admettait absolument rien venant d'ailleurs ; et que pour obtenir passage, chose ridicule, ces animaux étaient *passés au vinaigre*. Tels étaient les ordres du gouvernement Espagnol.

Vainement Saint-Béat fait le tableau de sa prospérité passée, vainement allègue-t-il qu'il était autrefois l'entrepôt de la frontière, vainement parle-t-il du traité de lies et passeries, et des beaux priviléges accordés à ses foires. La révolution française, comme il le dit, a détruit à tout jamais les priviléges ; ceux de Saint-Béat et le traité de lies et passeries ont suivi le sort commun.

Voilà le secret de sa décadence ; sa grandeur reposait sur un état contre nature, sur des faveurs, sur des *priviléges* exclusivement *accordés à ses foires*, au détriment d'autres localités qui étaient peut-être accablées de prohibitions et de malheurs. Il est possible, alors que tout était déplacé, que Saint-Béat ait prospéré.

Mais le temps ayant amené les progrès, et la raison humaine plus forte, plus éclairée, ayant sagement renversé l'arbitraire, il est arrivé que les choses ont repris leur place et leur cours naturel. Saint-Béat, qui devait son éclat à des causes factices octroyées par le bon plaisir, a perdu, lorsque les droits de légalité ont été proclamés : Bagnères, dont les avantages réels étaient annihilés par les priviléges de la cité voisine, a gagné à la chute des entraves. Telle est l'histoire de l'une et de l'autre de ces deux villes.

Les miracles ni les priviléges ne se recommencent pas.

On ne peut révoquer en doute que la question de supériorité entre les positions commerciales de Saint-Béat et Bagnères, n'ait été jugée une première fois lors du déplacement du bureau principal dans cette dernière ville. L'administration des douanes, si sage, si clairvoyante de tout temps, et dont la mission est de protéger les besoins de l'industrie et du négoce, appréciant les choses à leur juste valeur, vit alors que le point commercial de Saint-Béat n'était plus tenable, qu'il pouvait peu sur la Catalogne à cause de son littoral, et sur laquelle trois transits existaient déjà pour l'échange des marchandises, et que ce point était tout-à-fait privé d'espérance relativement à l'Aragon, à cause de la distance et des difficultés sans nombre qui les séparaient. Bagnères obtint donc la préférence, et bien loin qu'on ait eu à s'en repentir, la justesse de ce choix se vérifie de jour en jour par des motifs qui seront bientôt rapportés.

Les raisons douanières, pour éclairer la question, devraient être laissées à la spécialité de l'administration, qui en sait beaucoup plus que personne sur cette matière; mais les concurrens en parlent; et, ici, elles sont si palpables pour tout le monde, qu'on ne balance pas à en dire un mot.

Bagnères est un poste avancé ou de première ligne, tous les services pour garder ses penthières sont déjà établies, et la seconde ligne pour fortifier la première est complètement organisée; ainsi, en obtenant le transit, Bagnères n'exige point d'augmentation dans le personnel de l'actif.

Le bureau principal, outre le receveur, est composé d'un visiteur, d'un commis aux expéditions et d'un surnuméraire, en tout quatre employés; peut-être un de plus sera nécessaire; mais cette dépense est si minime, qu'elle n'est rien relativement à l'heureux résultat qu'on obtiendra.

Saint-Béat, au contraire, étant un poste reculé vers l'intérieur, il faudrait le défendre en établissant sur les derrières une seconde ligne très-large, qui étant toute de création nouvelle, présenterait au moins une augmentation de 30 à 35 hommes.

Enfin, le bureau de Saint-Béat n'étant composé que d'un receveur à modique traitement, nécessiterait une dépense d'organisation exorbitante.

Par toutes ces considérations on est amené à conclure que si le Commerce ne doit point s'occuper de Saint-Béat, le Trésor non plus n'a pas grand sujet de regretter cette position.

VIELLE.

Si Saint-Béat recule aux temps passés pour y puiser des motifs de préférence, dans le but d'obtenir le transit, la Vallée-d'Aure, qui raisonne mieux sans avoir raison davantage, en appelle à sa prospérité récente.

Cependant, il serait inutile ou dommageable de songer à servir les besoins du grand Commerce par cette ligne.

D'abord Vielle est des trois localités concurrentes, le point le plus éloigné de l'Entrepôt. Commune d'un autre département, ses relations habituelles ne sont pas avec Toulouse. Aucune diligence ni aucun service de roulage régulier n'établit de correspondance entr'elles.

A la vérité deux ports lui donnent communication avec l'Espagne, celui de Rieumajou ou de Plan, (1) placé à huit heures

---

(1). Ce port a acquis une certaine célébrité par une de ces circonstances extraordinaires qui ne se reproduisent pas deux fois. Napoléon au moment le plus élevé de sa splendeur, lorsque déjà il se croyait maître de l'Espagne, voulut établir une grande route par cet endroit, de marche, ne peut être traversé, par un beau temps, qu'en employant la journée entière : il débouche dans un désert. Le gouvernement Espagnol attache si peu d'importance à ce passage, que le bureau des douanes qu'il a placé vis-à-vis, n'est ouvert à aucune branche de Commerce, pas même aux laines ni aux huiles, ce qui fait que la ligne Française a été fixée par Aragnouet-sur-Vielsa. Ainsi le Commerce ne pouvant tirer parti de ce port, on ne s'en occupera plus.

L'autre, celui de Vielsa est d'une profondeur si grande que de la commune Espagnole de ce nom à Vielle, il y a onze mortelles lieues. De cette ville à Aragnouet, sur une distance de trois heures de marche, les transports doivent se faire à dos de mulet dans une gorge étroite et encaissée ; en été, ils peuvent se continuer ainsi jusqu'au-delà des monts ; mais en hiver tout doit être colporté jusqu'à Aragnouet et successivement par bêtes de charge jusqu'à Vielle : ce qui coûte ordinairement 10 francs les 100 kil.; dépense énorme et si préjudiciable que le Commerce ne saurait la subir volontairement.

On assure néanmoins qu'elle n'est pas un empêchement. Qu'on aille fouiller, dit-on, dans le bureau de la douane de Vielle, on y verra, par l'élévation du chiffre, que la recette s'est beaucoup accrue, depuis plusieurs années, tant sur les laines que sur les huiles ; et de cette augmentation qu'on appor-

---

afin de joindre Paris à Madrid. On dit que cette idée folle, bisarre, passa par la tête de l'Empereur comme celle de faire Murat Roi des Cosaques : car rien ne coûtait à ces hommes d'action qui gâtés par la fortune, croyaient pouvoir déplacer impunément hommes, choses et jusqu'aux élémens. Il faut dire cependant qu'il ne persista point et revient bientôt de son erreur. Mais pour le transit ce passage aurait les mêmes inconvéniens que Vielsa ; c'est-à-dire qu'il serait trop rapproché et qu'au-delà des monts on ne rencontrerait, de loin en loin, que de chétifs hameaux.

te en témoignage, on tire une autre conséquence : que le commerce se détournant de Luchon, se serait jeté sur cette ligne. Voilà la raison forte, l'argument irrésistible de cette vallée.

Nier que l'industrie d'Aure n'ait pris du développement et fait des progrès, serait broncher contre la vérité. Prendre les effets locaux de cette industrie, qui est un point dans l'immensité, pour les graves intérêts du grand Commerce, serait une erreur.

Cette vallée possède cinq mécaniques à filer la laine, et depuis long-temps une infinité de métiers battent pour la fabrication d'une étoffe de la même matière, connue sous la dénomination de Fleuret d'Aure.

Cette partie, comme toutes les autres, a acquis, depuis la reprise des affaires, beaucoup d'activité. Quelques habitans ont dû spéculer sur la fourniture des matières premières nécessaires à son alimentation.

Plus éclairés que leurs devanciers, et d'ailleurs dans leur intérêt personnel, ils ont calculé que ces matières arrivent à Bagnères par le port de Venasque, route ordinairement suivie comme meilleure, plus économique et plus directe pour sortir de l'Espagne : (cette route cependant devenait onéreuse à leurs marchandises à cause du grand détour auquel il fallait qu'elles se prêtassent, dans l'intérieur, par Montrejeau, avant d'arriver à leur destination); qu'elles y employaient trois jours d'un charrois dispendieux, à bœufs, selon la coutume du pays : que ces frais n'étaient pas les seuls, qu'on devait encore compter ceux de magasinage et autres.

Ces spéculateurs, suivant les simples notions du bon sens, pensèrent que, leur vallée se trouvant aussi frontière, ils pouvaient économiser le trajet de France en traversant le port de Vielsa; que si par cette issue, les frais du côté d'Espagne devenaient plus considérables, du moins ils n'atteignaient pas le taux de ceux économisés par France. Ce calcul une fois établi, leur choix ne fut pas douteux, depuis ils ont constamment suivi leurs ports en délaissant les autres. Par cette innovation et l'accroissement des produits, les recettes du bureau de Vielle ont augmenté, et celles du bureau de Bagnères ont diminué d'autant.

Voilà donc l'explication; la Vallée-d'Aure se pourvoit par ses ports, mais toutes les provenances se consomment dans la localité même, et il est notoire qu'elles ne vont pas dans l'intérieur où elles reviendraient trop cher par cette voie, donc ce mouvement commercial est tout local; et vouloir le faire passer pour celui du grand Commerce serait un abus intolérable.

Mais ajoutera-t-on, en insistant, tous les jours des tissus sont transportés d'Oloron à Vielle ; et malgré la prime considérable dont ils seraient gratifiés en usant du premier passage, ils le délaissent pour rechercher le second, tant il est favorable à leur écoulement. Voilà qui n'est pas local; c'est bien du grand Commerce.

Sans doute, et l'on ne se dissimule pas que ces dires seraient assez bien imaginés si l'on voulait prendre le change, si la réalité n'était pas ailleurs que là ; mais on doit soulever le voile. Les objets dont s'agit sont prohibés en Espagne. Pour cette raison le gouvernement voisin tient en face du transit Français des lignes de douane fortes et très-surveillées. C'est pour éviter leur action qu'on vient passer par Vielle, sur un point faible, afin de prendre les derrières du pays fortement gardé, et se soustraire ainsi au danger. En sorte que malgré la longueur du trajet, et le sacrifice de la prime, le trafiquant y trouve encore son bénéfice. Mais s'il y avait transit par Vielsa, la même organisation de douanes Espagnoles occasionerait bientôt les mêmes effets. Ainsi est-on forcé d'agir au moment des foires d'Arreau, Saint-Béat et Bagnères : à ces époques, le gouvernement en question pousse sur les passages et y met en travers de fortes reconnaissances. Le Commerce qui est toujours aux aguets, ou dévie alors des voies ordinaires, ou attend le retrait des forces Espagnoles qu'il suit à pas comptés. Malheureusement, de ce côté, il en est encore, malgré lui, à la guerre de ruse.

Le port de Vielsa n'est distant de celui de Canfran que de 10 à 12 lieues environs, et de Bourg-Madame peut-être du triple ; ce sont les deux transits qui l'entourent.

Si ces sortes de bureaux ne sont pas établis en faveur de certaines localités privilégiées, ils doivent être espacés de manière à servir le plus de pays et aussi commodément que possible. Or, dans ce sens la Vallée-d'Aure serait trop rapprochée de Canfran et beaucoup trop éloignée de Bourg-Madame. Aussi faut-il, dans l'intérêt de la chose publique, chercher un lieu intermédiaire plus central.

Et réellement, le voisinage de Canfran est mortel pour Vielle. Qu'on suppose, si l'on veut, pour un moment, que le transit y soit placé : n'est-il pas certain que les denrées coloniales, venant de Bayonne, ne passeront pas devant Canfran pour aller à Vielle ? que ces deux passages aboutissant à-peu-près aux mêmes contrées Espagnoles, les denrées s'arrêteront à Canfran de préférence, afin d'arriver plus vite et à meilleur marché ?

La destination de Vielle, dira-t-on, n'est pas pour Bayonne ; cette ville communiquera avec Toulouse. Et comment ? les mêmes denrées venant de Marseille ou de Bordeaux à Toulouse, et puis de là à Vielle, pour se rendre sur les mêmes marchés d'Espagne, par un trajet de plus de 80 lieues, ne pourront opposer aucune concurrence à celles de Bayonne, qui n'en auront que 30 à parcourir. Ainsi le transit de Vielle serait interdit de fait, et ne travaillerait peut-être même pas pour la contrebande.

Si Saint-Béat, dans sa préoccupation de combattre Bagnères qui lui paraissait l'adversaire le plus redoutable, avait voulu comparer sa localité à celle de la vallée d'Aure, sous le rapport de l'intérêt du trésor et de la douane, il aurait eu beau jeu. En effet, les voisinages du port de Vielsa sur France sont déserts et difficiles à garder. On compte environ 7 lieues d'Aragnouet à Gèdre, et il n'existe dans cet intervalle ni village, ni hameau, ni maison habitée. Il en est de même de Gèdre à Vielle. Sur une zone intérieure de 9 à 10 lieues, on ne voit que montagnes sauvages et escarpées qui embrassent la profondeur entière du rayon. En sorte que pour établir une seconde ligne, en cas de transit, on serait obligé de disposer de toutes parts une armée d'employés; à tel point qu'on doute que l'administration voulût jamais consentir à la dépense qui ne promet de ce côté qu'un très-mince résultat.

Il paraîtrait que ceux d'Aure, dans le doute de leur bon droit, auraient provoqué en Espagne des pétitions nombreuses afin de le corroborer. Aussi est-il arrivé que, par suite de cette impulsion, de cet éveil, Bagnères en a reçu beaucoup qu'il n'avait pas sollicitées (1) et d'où il résulte évidemment qu'au delà des monts, la ligne de Vielsa à Balbastro est peu

---

(1) Bagnères, sans s'y attendre, en a reçu de toutes les villes qui se trouvent sur la ligne commerciale de Luchon à Saragosse, telles que Benasque, Campo, Sancta-Leistra, Graûs, Balbastro, etc., etc. L'on a cru inutile de les faire imprimer à la suite de ce mémoire : qu'il suffise de dire qu'elle prouvent péremptoirement qu'on n'a rien avancé qui ni fût exactement vrai.

fréquentée ; qu'il est difficile d'y trouver des moyens de transport, même des vivres, à cause du grand éloignement des habitations ; qu'il n'y a presque que des sentiers, conduisant à quelques villages pauvres qu'on découvre çà et là ; que ces sentiers ne peuvent jamais devenir viables pour le charroi, parce que la nature oppose des obstacles insurmontables; qu'enfin le gouvernement, qui connaît leur peu d'importance, n'y fera jamais de réparation, et que les villages clair-semés qu'on y rencontre n'ont ni l'intelligence ni les moyens nécessaires.

Enfin la dernière épreuve ne reste plus à faire : elle est concluante autant que les données qui précèdent pouvaient le faire augurer. Depuis peu, des maisons de commerce ont essayé d'établir à Vielle des magasins de diverses marchandises, afin de les échanger contre des laines, etc. La prudence leur a commandé d'y renoncer, le succès ne répondant pas à l'entreprise. Ainsi donc plus de doute. Le Commerce ni la douane ne peuvent se flatter encore d'avoir trouvé dans cet endroit le lieu de leur convenance.

BAGNÈRES.

Bagnères pourrait invoquer les droits que lui donne l'éclatante renommée de ses thermes à la protection du département, et les liens sans nombre qui attachent Luchon à Toulouse ; car, pendant une partie de l'année, c'est là que les Toulousains vont chercher la santé, le repos, la fraîcheur des sites, lorsque leur ville est brûlante. Ne serait-il pas utile et bien agréable en venant aux eaux de suivre encore les affaires ? Mais, non, ce n'est pas de raisons de localité qu'il s'agit, c'est du grand Commerce ; c'est en lui prouvant que ses besoins bien compris commandent impérieusement qu'on donne la préférence à Luchon, que celui-ci veut l'emporter.

En effet, sa position commerciale ne peut lui être disputée par aucune autre localité. Situé au pied des monts, à-peu-près à égale distance de Bayonne et de Perpignan ; au midi il touche à l'Aragon, au levant à la Catalogne, les deux plus riches provinces d'Espagne.

C'est en vain que Saint-Béat, s'emparant de la vallée d'Aran, voudrait usurper cette position avantageuse.

Il est vrai que les deux vallées d'Aran et de Luchon, placées à côté l'une de l'autre comme deux sœurs jumelles, s'élancent des Pyrénées, du midi au nord, vers les plaines de France ; mais leurs avantages sont différens ; Bagnères tient les clés de l'Aragon, le Val-d'Aran, celles de la haute Catalogne.

On a vu déjà que ce n'est pas vers cette dernière province que l'entrepôt devait se tourner ; si pourtant elle avait l'importance que veut lui prêter Saint-Béat, ou ne balance pas à le dire, la vallée d'Aran appartient de droit à Luchon.

On n'a pas oublié que cette vallée et celle de Saint-Béat sont placées à la suite l'une de l'autre. Il faut donc que les habitans du haut de la première la traversent dans toute sa longueur, puis encore qu'ils parcourent deux lieues de la seconde avant d'arriver à Saint-Béat, qui se trouve ainsi trop éloigné de la partie centrale d'Aran. Celle de Luchon, au contraire, longeant dans toute sa longueur la Vallée d'Aran, tous les villages qui la composent, étant plus rapprochés de Bagnères, convergent vers cette ville comme vers le centre. Mais, oppose-t-on, la nature les sépare de Luchon par de hautes montagnes ; le portillon par où ils peuvent communiquer n'est guère praticable.

Le passage ou col du portillon, à une heure de Bagnères, étant peu élevé, n'est jamais intercepté par les neiges ; les bêtes de somme le franchissent facilement en toute saison et en tout temps; les voitures non. Cependant nulle impossibilité ne saurait empêcher qu'on le rendît propre à cette viabilité.

L'intelligence, les moyens, la volonté pour venir à bout de cette entreprise sont à Bagnères, qui a trop le sentiment de l'importance du Commerce pour reculer devant la dépense ; que les besoins lui soient démontrés, le voilà prêt. La commune de Saint-Mamet, la seule dont le territoire doit être traversé de ce côté, réclame l'ouverture de ce chemin à grands cris, la Vallée-d'Aran de même.

A une époque, sous la restauration, Bagnères était décidé à mettre la main à l'œuvre ; il s'adressa à la sous-préfecture, afin d'obtenir les autorisations nécessaires ; on répondit que toute ouverture ou réparation de route conduisant à l'étranger était défendue. Alors on voulait encore en revenir à parquer les peuples, à élever des barrières entr'eux, à les séparer en camps ennemis : on les craignait ; le despotisme redoutait leur union qui devait le renverser. Ces temps ne sont plus, les peuples deviennent frères pour leur repos et leur bonheur.

Aujourd'hui Bagnères, occupé à d'autres travaux, a ajourné ceux-là qui ne sont jamais sortis de sa pensée ; il le répète, qu'on en démontre l'urgence, il s'engagera à agir aussitôt, et une fois le chemin confectionné, c'en est fait de Saint-Béat.

Ainsi, qu'il soit important ou non de communiquer avec la Catalogne, toujours est-il que le Val-d'Aran est plutôt à Bagnères qu'à Saint-Béat.

Tournant les yeux vers l'Aragon, on peut apprécier encore ici les bienfaits de la nature envers cette localité. Deux ports faciles se présentent pour donner passage dans cette province, la Picade et Vénasque. Partant presque du même point en-deçà des monts, ils se réunissent au-delà, à peu de distance, semblant dire au voyageur : Choisis. Aussi voit-on journellement, dans la saison des eaux, des cavalcades, où des dames sont toujours en nombre, passer par l'un et revenir par l'autre, tant cette promenade est suivie et agréable.

Celui de la Picade est plus long d'une heure et demie à peu près que son voisin ; mais son accès est si facile à travers les belles pelouses de Campsaure et de Cabridos, qu'on pourrait aisément le rendre viable pour les voitures, avantage que ne peuvent offrir aucun de ceux de la Vallée-d'Aure ni d'Aran, dont la profondeur est beaucoup plus considérable ; et cependant celui de Venasque est préféré. On va en dire les causes.

Au pied de ce port se trouve l'hospice de Bagnères ; c'est une espèce d'hôtellerie où les Luchonnais vont séjourner pour raisons de santé, dans la belle saison, et pour y prendre des laitages, tantôt au nombre de 20, 30 et même jusqu'à 40 à-la-fois. De bonnes et vastes remises complètent cet établissement ; de sorte qu'hommes et bestiaux peuvent commodément gîter et séjourner dans cet endroit, asile réservé au voyageur, et qui n'est pas à dédaigner. De cet hospice à celui de Venasque, situé également de l'autre côté, au pied du revers Espagnol, on compte trois lieues de marche. Voilà donc le temps qu'il faut pour franchir le port, et par conséquent les mauvais passages. Or, à travers les endroits difficiles, sauvages, isolés, la meilleure manœuvre est de passer vite et par le chemin le plus court ; et celui-ci ayant le précieux avantage d'abréger, on le préfère ordinairement.

Par les ports d'Aure et de la Vallée-d'Aran, on compte onze mortelles lieues d'un gîte à l'autre. Pendant la belle saison même, qui peut promettre, dans ces régions élevées, onze heures de beau temps ? Ne peut-on pas partir le matin avec le soleil, et rencontrer l'orage avant le soir ? et en hiver où le jour se lève tard et finit de bonne heure, c'est à tout hasard, avec beaucoup de danger et sans espoir de secours, qu'on chemine dans ces déserts ; aussi arrive-t-il des malheurs fréquens.

L'hospice de Bagnères, s'il ne détruit pas entièrement les difficultés de la traversée du port, du moins les applanit et leur ôte tout danger. Là le voyageur peut attendre, afin de saisir le moment propice : en hiver même il peut espérer de rencontrer deux ou trois heures favorables ; et au moyen des ressources qu'offre ce lieu, le commerçant pourra toujours opérer avec facilité et sans courir aucun risque.

D'autres considérations importantes finiront par démontrer complètement la supériorité des avantages qu'offre Bagnères. Cette ville a environ 2,400 habitans, le double presque de Saint-Béat et de Vielle ; elle possède aussi un grand nombre de chevaux, qui, pendant la saison des eaux, servent aux promenades des étrangers. Beaucoup d'hommes et de chevaux restent oisifs les trois-quarts de l'année ; on est donc assuré de les trouver au besoin et toujours à bon compte. Dans une ville de cette étendue, les magasins pour renfermer les marchandises et les capitaux pour les faire valoir ne manqueront jamais. Deux diligences pendant l'été, une pendant l'hiver, et un roulage établi toute l'année parcourent la route royale n° 145, qui conduit de Toulouse à Luchon.

Quoi qu'on en dise, les ports de Paillas, de Viella (Vallée d'Aran) de la Picade, de Venasque (Vallée-de-Luchon) de Rieumajou et Vielsa (Vallée-d'Aure), étant d'une élévation presqu'égale, reçoivent, à peu près, la même quantité de neige. Ils présentent les mêmes obstacles à surmonter que l'industrie de l'homme applanit quelquefois comme on le voit relativement au port de Venasque. Ils sont ordinairement praticables pour les bêtes de somme, pendant 6 ou 8 mois de l'année, et durant l'hiver ils s'ouvrent aux piétons de moment à autre, selon le temps qui règne ; seulement leur profondeur n'est pas égale. Celui de Vielsa est le plus long, celui de Venasque le plus court.

Le port une fois franchi, plus d'obstacles ; les pétitions Espagnoles l'établissent. La route la meilleure, la plus courte, la plus fréquentée de Toulouse à Saragosse est par Luchon. Et, si par la ligne de Vielle, on ne rencontre en Espagne que quelques misérables villages, par ici encore on traverse les villes riches, populeuses et commerçantes de Venasque, Campo, Santa Liestra, Graûs, Lapuebla de Castro, Balbastro, seconde ville d'Aragon, etc ; et l'on peut étendre des relations à Benavarri, Tamarite, Fraga, Balaguer, Lérida, etc ; ainsi que dans toutes les directions de l'intérieur. Elles portent en outre que cette voie est la plus sûre, la moins dispendieuse à cause des nombreux villages qui la bordent, lesquels fournissent abondance de moyens de transports et de vivres peu coûteux : qu'elle est presque partout viable pour le roulage, puisqu'elle a servi sous Napoléon à conduire l'artillerie au siége du fort de Venasque, où l'on voit encore des pièces de 12 et une de 18 dont il est armé : que les diverses cités placées sur ce chemin promettent de compléter cette viabilité : qu'enfin, le passage de la Cinca, petite rivière qui coule au-delà de Graûs, que ceux de la Vallée-d'Aure représentent comme dangereux et pouvant occasioner des retards dommageables, n'est absolument rien ; car, en cas de débordement on peut toujours la traverser à Mouson ou à Médiano qui sont tout proches, que d'ailleurs le débordement arrive rarement et ne dure jamais 24 heures.

Si le grand Commerce a fait un essai malheureux dans la Vallée-d'Aure, Luchon a des antécédens meilleurs à rapporter. C'est vers la fin du 13e siècle que Pierre-Jean de Fondeville, Luchonnais, commença avec la frontière Espagnole des échanges de mules contre des laines. Dans la suite ce Commerce prospéra à tel point dans sa famille, qu'il s'étendit aux belles laines d'Espagne qu'elle distribuait aux manufactures de France. La fortune immense qu'elle acquit (elle était plus que millionnaire au moment de la révolution), donna l'idée à d'autres spéculateurs d'entreprendre ce Commerce si favorable. MM. Sacaze, Fontan et autres de Saint-Béat furent du nombre, et aujourd'hui encore, c'est M. Nogués. A cet effet, il a un correspondant en résidence à Saragosse pour les achats, tandis que lui-même se déplace souvent pour venir les recevoir à Luchon, par où ce commerce s'est toujours maintenu. Ainsi la marche est tracée et l'expérience faite.

En 1832, au mois de mars, M. Zacharie, Espagnol, faisant passer des marchandises par Luchon, l'engagea à réclamer le transit, voulant lier commerce entre Toulouse et Saragosse dont il est un des principaux négocians. Cette demande fut formée alors, et doit se trouver encore dans les cartons de l'administration ; elle prouve les besoins déjà sentis à cette époque, et auxquels il est dû satisfaction aujourd'hui. Elle constate un appel qu'il suffit de connaître pour que Toulouse y réponde bientôt.

Enfin, pour ôter jusqu'au moindre doute, afin de mettre tout à jour, et, comme les distances entrent pour beaucoup dans les relations commerciales, il importe de connaître en faveur de laquelle les trois localités réclamantes elles font pencher la balance: on joint ici un tableau qui les indique exactement, en prenant Toulouse pour point de départ et Saragosse pour but. On observe qu'on se sert, pour ce tableau de la lieue de 20 au degré, parce qu'elle est la plus connue dans la montagne, et que dans la partie Espagnole elle est la seule mise en pratique; on l'évalue à une très-forte heure de marche. Ce tableau contient en outre la hauteur des ports et de divers lieux.

TABLEAU EXACT

Des principales distances, de Toulouse à Saragoza, et élévations des lieux, prises dans la fameuse Mapa del reyno d'Aragon, de Lopez, construite sur la carte célèbre des Pyrénées, par Roussel, et dans l'ouvrage Géognostique de Charpentier :

NOMS DES LIEUX.	LIEUES de 20 au degré. (1)	ÉLÉVAT. en toises au-dessus de la mer.	OBSERVATIONS.
De Toulouse à St-Béat..........	20	276	
De St-Béat à Viella (vall. d'Arau).	7	452	
De Viella au port de ce nom.....	3 fortes	1286	
De ce port à Vidailler.........	7		
De Vidailler à Bonnanza........	5		
De Bonnanza à Graûs..........	9		
De Graûs à Balbastro..........	6		
De Balbastro à Zaragoza........	16		Afin d'éviter les erreurs, et suivre autant que possible les sinuosités que présentent les routes, on les a, non-seulement mesuré de station en station, ou de village à village, mais encore successivement à plusieurs reprises, et à très-petite ouverture de compas. De Viella à Benasque par le port de la Picade, situé à 1243 toises au-dessus du niveau de la mer, il y a 8 fortes lieues.
TOTAL......	73		
De Toulouse à Vielle (vall. d'Aure).	26		
De Vielle à Aragnouet..........	3	684	
D'Aragnouet au port de Bielsa...	4	1242 (2)	
De ce port à Bielsa............	4 1/2		
De Bielsa à Balbastro..........	16		
De Balbastro à Zaragoza........	16		
TOTAL......	69 1/2		
De Toulouse à Bagnères........	22	313	
De Bagnères à l'Hospice........	2	694	
De l'Hospice au port de Benasque..	1 1/2	1231	
Du port à l'Hôpital de Benasque..	1 1/4	875	
De l'Hôpital à Benasque (ville)..	2 1/4		
De Benasque à Campo (idem)...	6 petit.		
De Campo à Graûs (idem)....	4 1/2		
De Graûs à Balbastro..........	5 1/2		
De Balbastro à Zaragoza........	16		
TOTAL......	61		

(1) La lieue de 20 au degré, ou d'une heure de marche, est d'un cinquième plus longue que la lieue commune de France, de 25 au degré, ou de 2,282 toises.

(2) D'après la carte de M. Charpentier et celle de la topographie des Hautes-Pyrénées, qui portent ce point, à peu près, à la hauteur de ceux de Pinède et Pimené qui ont 1,291 toises d'élévation.

Il résulte de ces indications que,

La route de Saint-Béat, bornée à la Vallée-d'Aran serait un point dans l'immensité; dirigée vers la Catalogne, elle est peu importante par les raisons déduites plus haut; vers l'Aragon, elle est la plus longue, à peine praticable dans la belle saison, à travers la haute chaîne par le port élevé de Viella et plus loin les montagnes de Bonnauza.

Vielle est le point le plus éloigné de l'Entrepôt : son port de Vielsa est d'une profondeur immense. Au-delà des monts, la route n'étant pas ordinairement pratiquée offre des obstacles sans nombre, un pays pauvre et désert. Enfin son voisinage de Canfran doit faire rejeter le placement dans cet endroit; car autrement ce serait deux transits l'un sur l'autre.

D'ailleurs les frais énormes que cet établissement occasionerait au trésor dans l'une des deux localités précitées, le doute de sa réussite pour le Commerce, le peu de garanties qu'y trouverait l'administration des douanes, sous le rapport de la fraude, feraient vraisemblablement qu'elle en refuserait l'ouverture.

Toulouse étant un Entrepôt intérieur en terre frontière, pour ainsi dire, doit communiquer avec la partie centrale de l'Espagne par la voie la plus directe, la plus commode, la plus économique.

Bagnères réunit tous ces avantages; c'est là que la haute chaîne se trouve domptée par la prévoyance des habitans : c'est par là qu'on arrive facilement en Espagne, à des pays populeux, à des villes industrieuses, qui tendent leurs bras de ce côté; à des marchés riches, abondans, où les échanges ne manqueront pas : ainsi tous les vœux doivent être pour Luchon; lui seul présente toutes les conditions pour une réussite infaillible.

— 23 —

D'un autre côté, la principalité des douanes étant déjà établie dans cette ville, et sa position de première ligne suffisamment organisée, tout est donc fait; tout est déjà créé pour le placement dans cette localité qui dès-lors n'entraînera à aucune dépense.

S'il est vrai que le commerce élève le cœur de l'homme en l'enrichissant; s'il répand les lumières et l'abondance par tout où il pénètre; s'il fait la richesse et la puissance des états; s'il est vrai que l'Angleterre, cette rivale si soigneuse de ses intérêts commerciaux, s'empare de toutes les positions maritimes, la France doit s'empresser d'ouvrir, du côté de terre, le plus de voies possibles. S'il est vrai que dans cette circonstance les intérêts du Commerce peuvent être satisfaits sans qu'il en coûte une obole au gouvernement, Bagnères doit posséder bientôt le transit; bienfait qu'il apprécie et qu'il saura mériter par un zèle constant à prodiguer ses soins au Commerce, élément de toute prospérité.

Bagnères-de-Luchon, le 9 Mars 1834.

Le Maire, autorisé par délibération du Conseil municipal,

AZEMAR.

2

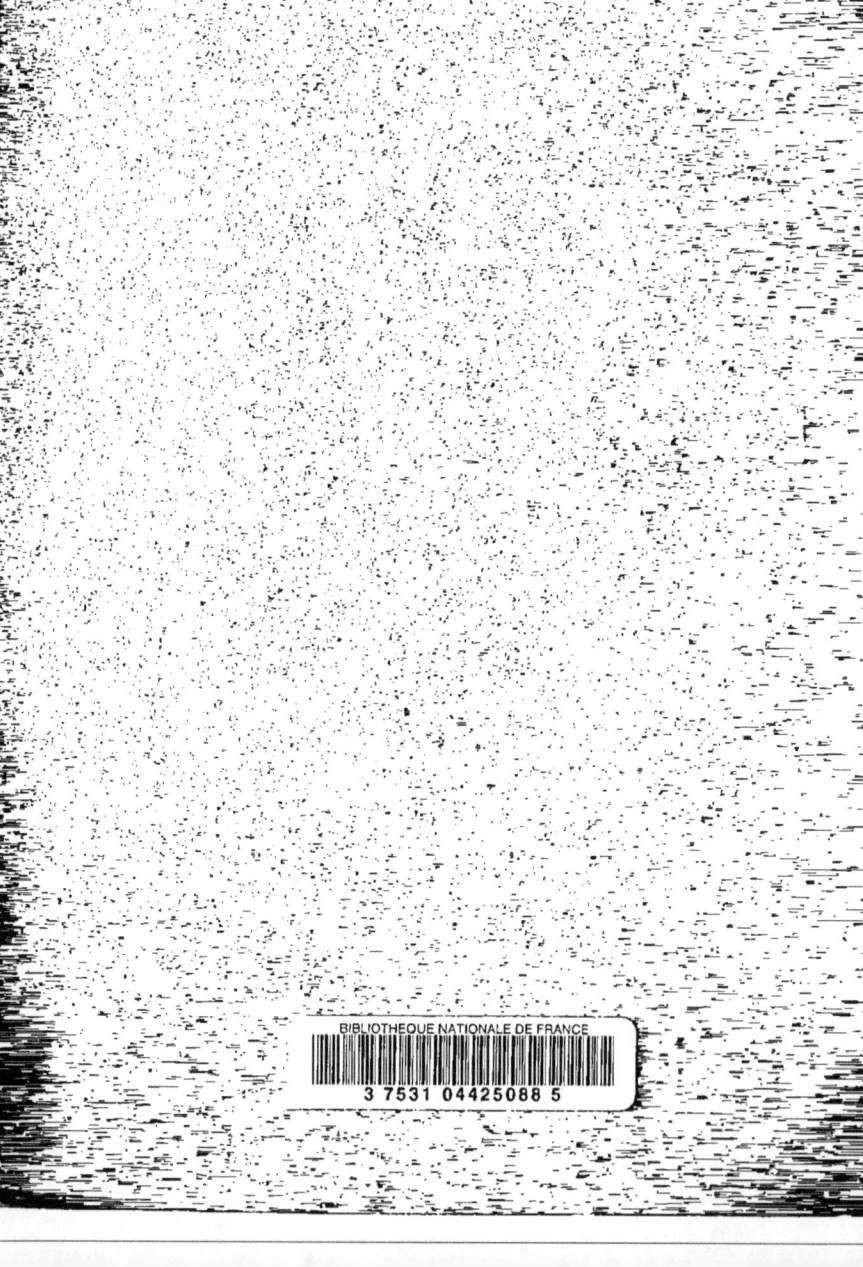

www.ingramcontent.com/pod-product-compliance
Lightning Source LLC
Chambersburg PA
CBHW060723050426
42451CB00010B/1594